DÉDIÉE AUX POPULATIONS DES CAMPAGNES

Vous êtes le Nombre !

Unies, vous êtes la Puissance ! Vous êtes l'espoir de la France !

DE LA GRATUITÉ DES MANDATS

DE

SÉNATEUR & DE DÉPUTÉ

DE SON APPLICATION A UNE ŒUVRE NATIONALE, APPELÉE A ASSURER
LE BIEN-ÊTRE DES CAMPAGNES ET A LES RÉGÉNÉRER

PAR UN PAYSAN

Fils d'un ancien Président de Tribunal de Première Instance

Que celui qui proclame si haut sa foi de
patriote sache joindre l'exemple au précepte de la vertu républicaine qui prêche,
avec le dévoûment, le désintéressement le
plus absolu à la chose publique.

MARSEILLE

IMPRIMERIE ET STÉRÉOTYPIE T. SAMAT

15, QUAI DU CANAL, 15

1875

NOTE

Prière aux personnes à qui cette brochure sera adressée, de la communiquer à leurs amis et connaissances et de me faire parvenir leur adhésion sur l'utilité de l'Œuvre Nationale destinée à assurer le bien-être des campagnes et à les régénérer complétement, ce dont je leur serai infiniment reconnaissant.

Plus les adhésions seront nombreuses, plus j'aurai les forces de poursuivre la réalisation de cette grande œuvre qui est appelée à faire bénir, par nos populations agricoles, la mémoire de tous ceux qui daigneront participer à son édification.

E. IMBERT
36, Rue Sénac.

DÉDIÉE AUX POPULATIONS DES CAMPAGNES

Vous êtes le Nombre !

Unies, vous êtes la Puissance ! Vous êtes l'espoir de la France !

DE LA GRATUITÉ DES MANDATS

DE

SÉNATEUR & DE DÉPUTÉ

DE SON APPLICATION A UNE ŒUVRE NATIONALE, APPELÉE A ASSURER
LE BIEN-ÊTRE DES CAMPAGNES ET A LES RÉGÉNÉRER

PAR UN PAYSAN

Fils d'un ancien Président de Tribunal de Première Instance

> Que celui qui proclame si haut sa foi de
> patriote sache joindre l'exemple au pré-
> cepte de la vertu républicaine qui prêche,
> avec le dévoûment, le désintéressement le
> plus absolu à la chose publique.

MARSEILLE

IMPRIMERIE ET STÉRÉOTYPIE T. SAMAT

15, QUAI DU CANAL, 15

1875

DE LA GRATUITÉ DES MANDATS

DE

SÉNATEUR & DE DÉPUTÉ

DE SON APPLICATION A UNE ŒUVRE NATIONALE, APPELÉE A ASSURER

LE BIEN-ÊTRE DES CAMPAGNES ET A LES RÉGÉNÉRER

PAR UN PAYSAN

Fils d'un ancien Président de Tribunal de Première Instance

MARSEILLE, *le 1ᵉʳ Juin* 1875.

Monsieur le Rédacteur en Chef,

Plusieurs journaux de Paris et de la Province ont applaudi, comme vous l'avez fait vous-même, au choix si remarquable que les Basses-Alpes se proposent de faire pour le Sénat :

1ᵒ Du très honorable M. CLAPPIER, de Moustiers, un des magistrats les plus distingués de France ; tour à tour Président de chambre à la Cour d'Aix, Conseiller à celle de Paris et retraité avec le titre de Président Honoraire de cette dernière Cour, haute et exceptionnelle distinction que le Gouvernement n'accorde qu'aux magistrats réellement éminents et qui ont des services aussi brillants que ceux de l'ancien Député de Toulon.

Comme homme politique, c'est-à-dire comme Député pendant deux législatures consécutives de l'arrondissement de Toulon, M. Clappier a laissé les plus honorables souvenirs. A peine parvenu à la chambre, il s'y est fait une place marquante par ses vives lumières, par l'indépendance et la droiture de ses votes.

Ce qui fera constamment son immortel honneur, c'est de n'avoir jamais profité, comme tant d'autres, de sa position et de son influence pour s'élever. Homme austère, intègre, bienveillant, à mœurs démocratiquement patriarcales, il a été tout entier à la chose publique et à ses commettants.

Quoique remplissant *gratuitement* le mandat de député et ne jouissant pas d'une grande fortune, il a su rester toujours modeste Président du Tribunal de Toulon et sa poitrine vierge de toute décoration.

2o Du digne petit neveu de l'illustre député Manuel, fils de l'ancien Président à la Cour de Cassation et de l'ancien député du Var, né à Barcelonnette, M. Henry PASCALIS, que son mérite et son rare savoir ont fait élire par l'Assemblée nationale, Conseiller d'État, et qui déjà, en 1848, l'avait fait maintenir Maître des Requêtes.

M. Pascalis n'a aucune attache politique, sa vie ayant toujours été administrative. Il compte 35 ans de services dans le Conseil d'État en qualité d'Auditeur, de Maître des Requêtes et de Conseiller. Il est resté presque toujours attaché au Contentieux, section la plus occupée et chargée d'affaires les plus difficiles pour les rapporteurs dont le travail toujours écrit est complété par la rédaction des projets de loi et décrets.

Magistrat et Administrateur hors ligne, heureux quand il peut être utile à ses compatriotes, l'honorable Conseiller d'État ne sera pas moins attaché à ses commettants et à la chose publique que ne l'a été M. Clappier.

Par leur vif amour du bien et par leur influence, MM. Clappier et Pascalis sont appelés à rendre, aux Basses-Alpes, les services les plus signalés.

Quel est le Bas-Alpin qui, abstraction faite de tout esprit de parti et de clocher, de toute espèce d'ambition, animé d'un véritable sentiment de patriotisme, n'applaudirait pas avec vous, au choix, pour le Sénat, d'hommes aussi recommandables et aussi considérables que le sont MM. Clappier et Pascalis, dont les familles, véritables pépinières d'avocats et de magistrats remarquables, se sont toujours distinguées comme eux-mêmes par le libéralisme le plus pur et le dévoûment le plus intelligent aux intérêts publics?

Où trouver, dans les Basses-Alpes, des hommes qui, pleins de vigueur et d'ardeur, soient plus capables et plus influents pour défendre avec éclat ses intérêts politiques et matériels?

Où trouver, dans les Basses-Alpes, des candidats plus honorablement posés sous tous les rapports, plus compétents et plus aptes à remplir le mandat si difficile et si important de Sénateur qui exige, avec la plus haute capacité, un talent éprouvé, une connaissance éclairée et approfondie des personnes et des choses, et notamment en ce moment si critique où la nation, si cruellement abaissée par ses malheurs et la société si profondément affaissée ont un besoin impérieux du dévoué et patriotique concours de tout ce que la France compte d'hommes sages et intelligents.

Les menaces de la Prusse de nous envahir de nouveau, le salut de la France, l'apaisement social, notre législation politique, sociale et financière qui n'est plus en rapport avec nos mœurs et nos besoins, notre industrie et notre commerce en souffrance, tout, en un mot, nous convie à faire pour le Sénat et pour la nouvelle Chambre à élire, choix de représentants d'élites, soit par le cœur, soit par le patriotisme, soit par les connaissances, soit par l'intelligence, ayant vieilli dans le domaine des lois, des administrations et de la vie publique, et n'ayant d'autres passions et d'autre ambition que d'asseoir un bon Gouvernement Conservateur et de le fortifier par de fermes et libérales lois.

Ce n'est qu'avec de pareils Conseillers et de pareils Législateurs, imbus d'un sage esprit de modération et de conciliation, que la nation pourra se relever, se régénérer, inspirer à nos ennemis le respect et aux Puissances la confiance et nous épargner aussi la cruelle douleur de la voir disparaître de la carte d'Europe sous la coalition des Allemands et des ingrats Piémontais.

Le sort de la France dépend tout entier de la sagesse de nos nouvelles élections, comme l'on fait connaître les deux grands Empereurs du Nord, lors de leur dernière entrevue à Berlin.

Nos nouvelles élections ne seront bonnes que tout autant : ·

1° Que l'abstention électorale qui a favorisé outre mesure les progrès anarchiques de la démagogie, dont les succès dans les élections ont effrayé l'Europe entière et ont jeté une inquiétude mortelle dans les esprits sur l'avenir de la France, sera réprimée *comme acte de mauvais citoyen ou de délit de lèse nation ;*

2° Que la gratuité sera appliquée, comme jadis, au mandat de Député et de Sénateur, gratuité qui garantira à nos intérêts une meilleure et plus efficace représentation.

N'est-ce pas sous l'empire de la gratuité du mandat électif que la nation a eu — nul ne saurait le contester, l'histoire au surplus est là pour l'attester hautement — les jours les plus *pacifiques*, les plus heureux et les plus prospères.

Agriculture, Industrie, Commerce, Science, Beaux-Arts, Belles-Lettres, tout, à cette époque, était florissant; on pouvait dire avec un véritable orgueil national que pas un bouton ne manquait aux guêtres de nos soldats; leur sang généreux était épargné et leur famille à l'abri ainsi du deuil et de la misère qu'engendre la guerre, nos gouvernants sachant que la paix, quelque modeste qu'elle soit, a toujours fait le bonheur des peuples et que la guerre, même la plus glorieuse, a toujours été leur plus grand fléau.

Cette riche et féconde prospérité n'était pas toute due à la sagesse et à l'habileté de nos gouvernants, mais en majeure partie à nos sages représentants, alors l'élite des Propriétaires, des Industriels, des Commerçants, des Savants, des Economistes et des Législateurs qui étaient les premiers intéressés à l'active prospérité des affaires publiques.

Cette riche et féconde prospérité, ces beaux jours du mandat gratuit me font prédire et affirmer que dans son rétablissement est l'anéantissement complet des espérances subversives des ennemis de la société, et est le salut de la France et son bien-être, si l'économie résultant de la gratuité du mandat est affectée à la création d'une œuvre nationale, éminemment philantropique dont je parle plus loin.

Le mandat gratuit qui enlevera ainsi à l'*ignorant*, au *déclassé*, à l'*énergumène communard*, à l'*ambitieux enfant des clubs et des tavernes*, les moyens de se faire élire, nous donnera forcément des Chambres qui auront la dignité et la splendeur de Celles d'autrefois; car pour leur formation nous verrons accourir de toutes parts des candidats et des compétiteurs tous plus remarquables les uns que les autres par leur intelligence, par leur génie, par leur talent, leur savoir, leur expérience éclairée et leur honorabilité parfaite. Avec des chambres composées ainsi de tout ce que la France a d'illustrations, chacun peut avoir l'assurance que le char de l'Etat recevra une si habile et si ferme direction que la France ne tardera pas à se relever et à reprendre, dans le sein du grand Concert Européen, sa place, et par la confiance qu'elle inspirera, son ancienne suprématie.

Nos élections ne seront bonnes que tout autant qu'avec ces modifications à la loi électorale, dictées par une grave et suprême raison d'Etat, les diverses fractions du parti conservateur — (Légitimistes, Orléanistes, Bonapartistes et Républicains sincères) — auront le patriotisme de se grouper en un seul et formidable parti, serré en phalanges carrées et disciplinées tout autour du drapeau de l'ordre si bien et si vaillamment porté par l'Illustre et Loyal Maréchal Mac-Mahon.

En l'état actuel, et vu les agissements toujours grandissants de l'esprit révolution-naire, l'union de tous les partis est devenue plus que jamais une *nécessité politique*, plus que jamais une *œuvre nationale et sociale* qui impose à chaque parti, à chaque conservateur le devoir sacré d'immoler ses préférences politiques aux pieds de la patrie menacée de tous côtés par toute sorte d'ennemis: les uns, aspirant *fratrici-dement* à une sanglante et terrible revanche *communarde et pétroleuse*; les autres, dans le regret de ne pas nous avoir assez serré la gorge à Versailles, aspirant mili-tairement à notre ruine totale au premier prétexte.

Au milieu de tant de dangers qui nous environnent, les Basses-Alpes, qui se sont toujours signalées par leur bon esprit, ne seront point les dernières à donner l'exemple d'une patriotique concorde et à s'associer de tout cœur à cette guerre commune à faire :

1° A tous ces hommes de parti qui, pour assurer le triomphe de leurs passions et de leurs rancunes politiques, ont l'*impatriotisme* de compromettre davantage qu'elle ne l'est notre situation intérieure et extérieure;

2° A toutes ces prétentieuses personnalités vulgaires, émanant des clubs formés par une dizaine d'ambitieux et à toutes ces médiocrités ordinaires, quoique honorables, mais sans expérience aucune des affaires publiques, qui, les unes comme les autres, aggravent les dangers de notre douloureuse situation par leurs opinions subversives et par leur insuffisance notoire à remplir un mandat qui est au-dessus de leurs forces.

Le patriotisme et l'intelligence émérite de ces derniers candidats sont tout entier dans leur ambition effrénée d'arriver, coûte que coûte, à être honorés du mandat de Sénateur ou de Député, non *gratuit*, mais largement rétribué, quoiqu'ils sachent que le Gouvernement de la République étant, par sa nature, un Gouvernement de sacrifice, d'abnégation et de dévoûment, se trouve dans une grande détresse financière.

Fi donc ! à la porte du scrutin, ces grands patriotes qui, proclamant si haut leur patriotisme, se refusent à joindre l'exemple au précepte de la vertu républicaine qui prêche le désintéressement le plus absolu à la chose publique !

Fi donc ! à la porte du scrutin ces fameux patriotes qui osent jeter par leurs passionnées paroles de tribuns, par leurs écrits révolutionnaires et par leurs doctrines athéistes, la patrie dans des embarras politiques et sociaux autrement inextricables que ceux auxquels elle est en butte actuellement.

Quelle calamité ne sera-ce pas si ces hommes, ennemis de la famille et de la religion, parviennent, par leur audace, en nombre aux chambres ! La France courra, dès ce jour néfaste, les périls les plus imminents, périls qui ne pourront être conjurés que par les forces conservatrices énergiquement coalisées, ayant cette disciplice, cette étrange et admirable union qui rend le parti de la révolution si redoutable !

Il importe donc, pour que ces tristes prévisions ne se réalisent, que pas un conservateur ne manque de répondre à l'appel de son nom au scrutin. Faire défaut, c'est plus qu'un acte de mauvais citoyen; c'est plus qu'une félonie sans excuse, c'est plus qu'une lâcheté indigne du nom français ; c'est, dans ces critiques et solennelles circonstances, un *crime politique et social;* c'est le soldat désertant le champ de bataille au moment suprême où la victoire va se décider.

(C'est une de ces graves considérations que j'ai invoquées dans ma pétition à l'Assemblée nationale du 11 novembre 1872, n° 4,606, pour demander que l'abstention électorale fut flétrie *comme une lâcheté civile* et punie, en conséquence, *comme crime de lèse-nation.*)

Il faut espérer que, mieux pénétré de la sainteté de ses devoirs, chaque citoyen, comprenant enfin les terribles et anarchiques conséquences de sa coupable indifférence en matière d'élections, et que dans celles-ci le sort de la patrie et de la société étant en jeu, se fera un devoir sacré d'être rendu à son poste de combat le jour de la grande bataille électorale.

Il faut espérer également que tous les départements, animés de cet esprit conservateur qui distingue celui des Basses-Alpes, feront des élections présentant les mêmes garanties d'ordre, de patriotisme et de capacité que ce département se dispose à faire en la personne de MM. Clappier et Pascalis.

M. Clappier et M. Pascalis, si remarquables par leur libéralisme, par leur loyal et sincère amour du bien public, par leur cœur généreux et désintéressé, par leur profond attachement à la famille et par leur haute position qu'ils n'ont acquise qu'à force d'études, de labeurs et d'intelligence, non dans les clubs et dans la rue, comme la plupart de nos hommes politiques du jour, répondront largement à ces besoins de la patrie et de l'apaisement social, car le Gouvernement et la Société trouveront en eux de vigilants et solides défenseurs et les Basses-Alpes des représentants qui leur feront honneur, en ce que leur rare capacité et leur intelligente expérience de la vie administrative leur assigneront un rang brillant parmi les hommes spéciaux et d'élite dont le Sénat devra être peuplé.

Juristes et Administrateurs autant distingués que modestes, Esprits supérieurs et bienveillants, Economistes libéraux, Ennemis de la Routine et de la Libre Pensée, Travailleurs infatigables et obstinés, ils ont, avec la parole facile et éloquente, toutes les éminentes qualités pour occuper une place marquante à l'Assemblée sénatoriale et pour être aussi utile à l'Etat qu'à leur Département; mais malheureusement les hommes de cette valeur, de ce mérite transcendant, à cause de la modestie qui les caractérise, n'ont jamais l'ambition de rechercher la popularité et surtout les mandats électifs. S'ils les acceptent, ils ne les acceptent que par pur patriotisme et quand la confiance des électeurs va les chercher dans leur cabinet de travail.

Quel est le candidat, en effet, ayant conscience de sa valeur, ayant de la dignité, de la virilité dans le caractère et jouissant d'une certaine considération, à qui il ne répugnera de descendre à ces moyens hardis et rampants de sollicitation, de captation et de chantage employés aujourd'hui avec succès auprès des classes trop crédules et trop confiantes, par ces demi-intelligences et par ces ambitieux vulgaires dont l'audace égale l'insuffisance et dont l'attachement à la cause du peuple insidieux n'est au fond qu'un mythe, qu'un moyen de s'élever, de vivre et de festoyer à ses dépens.

Il est plus que probable que dans ces conditions, MM. Clappier et Pascalis ne poseront jamais leur candidature, candidature qui serait pourtant, je me plais à le répéter, si utile au Gouvernement et aux Basses-Alpes.

Il appartient donc aux électeurs Bas-Alpins intelligents et éclairés, ayant à cœur le relèvement de la France et la prospérité de leur département, de les faire sortir de leur retraite en leur confiant le mandat de sénateur dont ils sont, à tous les points de vue, dignes.

Il est à croire qu'en présence d'un témoignage si flatteur de confiance de la part de leurs concitoyens, ils s'empresseront, au milieu de leur patriotique dévoûment à la chose publique et à leur département, de l'accepter avec la plus grande reconnaissance.

Partisans, sans doute, de la gratuité de ce mandat et de celui de Député, ils ne l'accepteront peut-être qu'à ce titre, si toutefois ils étaient désireux, comme je le pense, de débuter dans la vie politique par un acte de véritable désintéressement, en proposant l'application de l'économie de douze millions environ, résultant de la gratuité de ces deux mandats, à la fondation d'une œuvre nationale qui, par l'extension et la multiplicité des bienfaits dont elle doterait les Campagnes, serait appelée à assurer leur bonheur et à les régénérer complétement.

C'est, sans contredit, par des œuvres aussi philantropiques qu'ils ajouteront un nouvel éclat aux nobles traditions de libéralismes d'hommes du peuple, d'hommes de bien, qui leur ont été léguées par leur honorable famille, et surtout par le grand Patriote, l'illustre Manuel, que les Alpes seront toujours orgueilleuses d'avoir produit, et de qui Béranger, l'immortel chansonnier populaire, a dit : « Bras, Tête et Cœur, tout était Peuple en lui. »

Cette œuvre nationale qui est faite pour éterniser la mémoire de ses auteurs parmi les populations rurales, consiste en la création d'une Société de secours mutuels entre tous les propriétaires cultivateurs d'un même département ou de la France entière, a raison de 1 fr. 50 par mois.

Cette société aurait, en conséquence, pour but :

1º De faire parvenir promptement, jusques dans les chaumières les plus isolées et les plus éloignées, les secours médicaux et pharmaceutiques dont la majeure partie des campagnes a été malheureusement privée jusqu'à ce jour et de faire établir à cet effet, dans chaque hameau où il y aura un curé ou un instituteur, une boîte de pharmacie, pour qu'à l'arrivée du médecin, appelé en toute hâte, ce praticien puisse immédiatement appliquer le remède spécifique au mal ;

2º D'allouer au Sociétaire malade un secours pendant toute la durée de sa maladie, afin que ses travaux ne soient jamais en souffrance et ni interrompus, et une indemnité à tout Sociétaire qui perdrait sa *bête de somme* ou de *trait*, le compagnon indispensable et inséparable de ses fatigues, dont la perte est souvent pour lui un objet de gêne et même une cause de misère ;

3º De gratifier, tous les deux ans, d'une prime le Sociétaire qui aurait fait faire à l'agriculture de sa commune de réels progrès et l'Instituteur qui aurait contribué à ces progrès en ouvrant, le dimanche, un cours élémentaire d'agriculture, d'hygiène et de droit usuel, dont les plus simples notions même sont inconnues de nos paysans, ignorants tout-à-fait en ces matières ;

4° D'accorder une prime de 100 fr. au Sociétaire ayant cinq enfants, toutes les fois qu'il verrait sa famille augmenter d'un membre de plus, famille que le Gouvernement, dans sa haute sollicitude, devrait au surplus, à l'exemple de celui de la Belgique et de son Roi, prendre sous sa protection et lui accorder non-seulement l'instruction gratuite, mais encore la décharge de toute espèce d'impôts fonciers en faisant reposer cette charge sur le célibat ;

N'est-il pas souverainement juste et équitable que celui qui ne peut aider la patrie de ses nombreux bras, comme le fait le père de cette nombreuse famille, l'aide au moins de ses deniers ?

La reproduction de la famille ne constitue-t-elle pas une branche de la régénération sociale, surtout à présent, où *n'avoir plus qu'un enfant* est devenu une affligeante spéculation d'égoïsme et où être célibataire est devenu un honteux et immoral calcul ? Une raison d'état jointe à une grave raison morale ne devrait-elle pas amener le Gouvernement à prendre des mesures nécessaires, propres à atténuer les progrès de cette nouvelle lèpre sociale ?

5° D'allouer une pension à la vieillesse et aux invalides agricoles et une médaille d'encouragement à la jeunesse agricole des deux sexes qui se serait fait remarquer par sa bonne conduite et son attachement aux travaux des champs ;

6° D'établir, dans chaque commune, un comité qui, étant chargé de veiller à l'exécution des statuts de la société, aurait en même temps la mission de concilier, autant que faire se pourrait, toutes les affaires litigieuses entre sociétaires, de manière à leur éviter les frais ruineux d'un procès et les conséquences non moins déplorables (je veux parler de cette haine, de cette vengeance implacable qui animent toujours la partie lésée et qui souvent se transmettent de père en fils.)

Quels seront les candidats Sénateurs ? Quels seront les Députés ? Quels seront les membres du Conseil général, du Conseil d'arrondissement et du Conseil municipal qui, animés du moindre amour du bien public et tenant à leur mandat, ne prêteront point pour la prospérité de cette société, destinée à renouveler la force des campagnes, tout le concours de leur influence et même de leur bourse, tant au titre de fondateur qu'à celui de membre honoraire ?

Quels seront les Conseils généraux et les Conseils municipaux qui ne daigneront l'aider de leurs subsides, pour la création d'un grand concours quinquennal par arrondissement entre tous les sociétaires cultivateurs ?

Devant cette manifestation publique et imposante des corps électifs qui prouvera jusqu'à l'évidence au Gouvernement la nécessité qu'il y a de procurer enfin aux travaux des champs l'impulsion de la science élémentaire de l'agriculture et des encouragements pécuniaires et honorifiques, quel sera le Ministre de l'Agriculture qui refusera plus longtemps de créer, à l'instar de la médaille militaire, une médaille d'Agriculture destinée à récompenser celui de nos paysans qui se sera distingué dans la rude et pénible culture des champs ?

Le Paysan n'est-il pas à l'agriculture ce que le Soldat est à l'armée ?

Quel sera le Ministre de l'Instruction publique qui hésitera plus longtemps à gratifier nos campagnes du bienfait de l'instruction agricole dont le besoin se fait sentir tous les jours de plus en plus ?

Refuser l'instruction agricole n'est-ce pas refuser le pain à l'enfant et l'engrais à la plante ?

Je ne développerai pas ici ces questions brûlantes et palpitantes d'intérêt pour nos classes rurales, attendu que je les ai déjà traitées en septembre 1872 dans ma brochure de *la Poule au pôt-au-feu du Paysan* qui a été signalée chaleureusement à l'attention particulière du Gouvernement par le Conseil général des Bouches-du-Rhône, aux hommes spéciaux de l'Assemblée nationale à qui j'en ai adressé 100 exemplaires, par la presse entière de Marseille, sans distinction d'opinions, brochure qui, avec son exposé politique, m'a valu, au surplus, de la part de M. le Ministre de l'Agriculture et du Commerce, M. Teisserenc du Bord, une lettre très-flatteuse (25 novembre 1872).

Encourager et ennoblir les travaux des champs, après leur avoir appliqué les bienfaits de l'instruction, n'est-ce pas avoir résolu le problème de leur dépérissement et de leur désertion que l'on disait être insoluble ?

N'est-ce pas assurer, en outre, leur prospérité et par là le bien-être public ?

N'est-ce pas affermir, d'un autre côté, par ces bienfaits d'un prix inestimable les principes d'ordre et conservateurs dans les campagnes ?

N'est-ce pas enrayer en même temps les progrès effrayants que le radicalisme fait parmi elles ?

N'y aura-t-il donc jamais un homme d'Etat qui fera pour l'Agriculture ce que Colbert a fait pour le Commerce ? Que cet homme d'Etat sache qu'il n'aura pas besoin de monument pour perpétuer sa mémoire, car quel est le Paysan qui ne voudra avoir à son chevet l'image de son grand et immortel bienfaiteur.

France conservatrice ! France libérale ! France amie du progrès ! France ambitieuse des grandes choses ! France généreuse et équitable ! France humanitaire et charitable ! si tu tiens à ta conservation, à ta tranquillité, à ta sécurité, à ton salut, à ton bien-être, à ta richesse et à ta puissance, peux-tu plus longtemps tarder de doter nos Campagnes, qui ont toujours été tes plus fidèles, tes plus fermes et tes plus énergiques soutiens dans ta prospérité comme dans tes revers, d'une grande et immortelle œuvre de bien et de nationale justice à laquelle elles ont tant de droits, droits que tu ne saurais et ne pourrais même contester.

Ne crains-tu pas que fatiguées, irritées et exaspérées de la constante violation des mirobolantes promesses que n'ont cessé de leur prodiguer, jusqu'à cette heure, tes Hommes d'État, elles ne finissent par t'abandonner tout-à-fait, pour se livrer tout entières entre les mains du Radicalisme qui exploite habilement leur mécontentement dans le but d'arriver, par elles, au Pouvoir, quand il y a deux ans à peine, il n'avait pas assez d'injures, pas assez de mépris pour elles. *Un rural était une brute, un rustre, un plat pied, enfin, le dernier des citoyens.* Aujourd'hui qu'il est parvenu à le convertir à force de cajoleries et de bassesses, à ses opinions subversives et à ses doctrines athéistes, *un rural est pour lui la crème des braves gens, c'est un patriote modèle, c'est le premier des citoyens, c'est un véritable gentlemen.*

L'élément *radicaliste* triomphant dans les campagnes, ainsi que je le disais dans ma pétition du 11 novembre 1872 à l'Assemblée nationale, c'est la désagrégation, c'est l'annihilation du parti conservateur ; c'est la discorde dans les communes et dans les familles ; c'est le déchaînement et le débordement des plus mauvaises passions ; c'est l'ordre en lutte ouverte avec la révolution, succombant malgré le valeureux appui d'une armée nombreuse et dévouée ; c'est la guerre civile sur toute la surface de la nation ; c'est le communardisme, le pétrolisme avec toutes ses horreurs (carnage et incendie).

Le souvenir encore béant de Paris en sang, en feu, en cendres, les horribles assassinats des ôtages, ayant à leur tête le vénérable archevêque Darboy et ceux des braves généraux Clément et Lecomte et du généreux républicain Chaudey, du *Siècle*, ne font-ils pas craindre les sanglantes inconséquences du refus de satisfaire les Campagnes dans leurs besoins pressants.

En présence d'une si terrible et si redoutable perspective, il importe à tout prix, et au Gouvernement et au Parti Conservateur tout entier de se les attacher par les bienfaits que je viens d'énumérer et dont profiteraient indistinctivement toutes les classes de la société, bienfaits qu'il serait doublement imprudent et impolitique de leur refuser.

Instruites actuellement de leurs droits, ayant de plus la virile intelligence de la souveraineté que leur donne le suffrage universel et sachant qu'elles sont par là même le pivot de la fortune politique, elles n'entendent plus être, comme par le passé, l'inerte et brute matière payante, sans être admise à participer ainsi que l'exigent les règles de la justice, aux bienfaits de l'instruction agricole et aux mêmes encouragements pécuniaires et honorifiques que ceux attribués à la grande agriculture.

(*Le Petit Propriétaire, autrement dit le paysan, n'est-il pas aussi bon citoyen que le Grand Propriétaire! et ne paie-t-il pas comme lui sa large part d'impôts? N'est-il pas à la grande agriculture ce que les rivières sont aux fleuves! Ne concourt-il pas donc pour sa large part à la richesse publique comme la grande agriculture?)*

Elles n'entendent plus aussi être les dupes et les jouets de ces ambitieux parasites qui, pour avoir leurs suffrages, les pâturent de belles paroles et de magnétiques promesses. Elles n'entendent plus non plus servir de marchepied à leur ambition et encore moins être leur bête de somme à si bon marché.

Elles veulent aujourd'hui et elles exigeront désormais que tous ceux qui feront maintenant appel à leur confiance, à leurs suffrages, leur marquent leurs sympathies autrement que par d'éloquentes et stériles paroles, et que ces témoignages de sympathie et d'intérêt soient des témoignages palpables et sonnants, et qu'ils fassent, en conséquence, partie de leur société en qualité de Fondateurs et de Membres Honoraires.

Par cette mâle, ferme et légitime attitude, leur société de Secours Mutuels verra affluer vers elle de nombreux bienfaiteurs et de puissants protecteurs qui la rendront à jamais prospère, prospérité qui, jointe à l'impulsion imprimée à leurs travaux, par l'instruction agricole *campagnardisée* et par les encouragements honorifiques et pécuniaires, vivifiera, comme par enchantement, toutes les forces vitales de la nation.

C'est dans cette heureuse transformation des Campagnes et dans leurs travaux florissants, et c'est dans le mandat *gratuit* de Sénateur et de Député que la France, quoique mutilée, retrouvera son Bien-être et sa Richesse d'autrefois et pourra se relever promptement et acquérir une puissance qu'elle n'a jamais eue, que ne lui procurera jamais le plus formidable armement.

France! France! ainsi que tes hommes d'Etat n'ont cessé de te prêcher, depuis un temps immémorial, que de la *prospérité de l'Agriculture dépend la force et la richesse d'un Etat,* peux-tu hésiter, au milieu des dangers que te font courir l'*impatriotisme* et l'ambition indigne de quelques-uns de tes ingrats enfants, de prendre enfin en considération la sagesse de cette grande et salutaire vérité.

Hésiteras-tu donc un seul instant à t'accrocher, comme à la dernière branche de salut, au rétablissement de la gratuité du mandat électif qui t'a gratifiée, sous le régime constitutionnel, de tes plus belles années de prospérité, de bonheur et de force et à l'édification de l'œuvre philantropique des campagnes qui est appelée à te faire bénir à jamais d'elles et à immortaliser parmi elles le nom de ton vaillant et patriotique Tuteur, l'Illustre Mac-Mahon, ce preux Chevalier, ce nouveau Bayard des temps modernes, en qui tu as mis toutes tes espérances de conservation et d'avenir.

Est-ce qu'avec le mandat gratuit, sous l'honorable M. Gravier, ancien Député et

Pair de France, mon regretté parent, et sous les généraux MM. de Leydet et Marquis d'Oraison, les Basses-Alpes n'étaient-elles pas aussi honorablement et aussi dignement représentées qu'aujourd'hui avec le mandat rétribué ?

En élevant à la dignité de Sénateur, avec mandat gratuit, M. Clappier et M. Pascalis, les électeurs Bas-Alpins feront un acte du plus intelligent patriotisme et rendront, en même temps hommage, à la fois, au mérite, au talent et à la mémoire du grand et illustre patriote Manuel, et seront ainsi les premiers à contribuer au relèvement de la France et au bien-être de nos Campagnes.

Pardonnez-moi, Monsieur le Rédacteur, d'avoir si longuement abusé de votre bienveillante attention, n'en accusez que mon humble et ardent patriotisme, mon attachement à mon pays, mon dévoûment profond aux intérêts des populations rurales dont le sort intéressant m'a toujours été sympathique et en faveur duquel je n'ai cessé de plaider depuis 15 ans.

Au péché de l'espèce, bienveillance, je vous prie, et indulgence s'il le faut.

Ne désirant pas vous laisser sous l'impression que mes sympathies pour nos campagnes pourraient bien ne consister qu'en mirifiques et vaines paroles, ainsi que le font journellement tous les exploiteurs du suffrage universel, je me hâte de joindre à mes paroles un témoignage palpable de leur sincérité en osant m'inscrire un des premiers sur la liste des fondateurs de la Société de Secours Mutuels Agricoles pour une somme de 100 francs et pour celle de 20 francs par an, à titre de membre honoraire, ma vie durant.

Je regrette que mes modestes ressources et les frais que je m'impose pour la publication de cette brochure, que je répands gratuitement, ne me permettent pas d'être plus généreux.

Veuillez agréer, Monsieur le Rédacteur, avec mes bien sentis remercîments, l'assurance de ma respectueuse considération.

Eugène IMBERT.

P. S. — De crainte que l'on doute du culte que l'honorable famille du Conseiller d'État professe pour son pays natal, je crois devoir appuyer ma lettre par la copie ci-après, adressée le 14 novembre 1865, à mon père, ancien Président du Tribunal civil de Barcelonnette, par M. Pascalis père, ancien Président de la Cour de Cassation, à l'occasion de la première nomination de Conseiller d'Etat de son fils.

PARIS, *le 14 Novembre* 1865.

« Merci de vos cordiales félicitations, vous êtes bien aimable de ne pas laisser sans la constater l'occasion que vous offre ma famille pour reconnaître que la graine venue de Barcelonnette ne s'est pas trop avariée en chemin.

« Par son travail et l'ouverture d'esprit qu'on se plaît à lui reconnaître, mon fils avait mérité l'avancement que son illustre chef, M. Vintry, a obtenu pour lui après 23 ans de services au Conseil d'Etat; dont 17 comme Maître des Requêtes, doyen de la première classe.

« Malgré l'estime qu'il s'était acquise et les titres incontestables qu'il avait, il n'a pas moins fallu du bonheur pour qu'il ait franchi la grande distance qui existait entre son grade précédent et celui qui était devant lui, sans qu'ils fussent séparés par aucun intermédiaire.

« Si ce cher ami se trouve heureux, son père ne l'est pas moins d'un événement qui prépare à ses vieux jours la plus douce des satisfactions et qui le consolera lorsque viendra pour lui ce temps d'abnégation offert en perspective inévitable aux anciens magistrats.

« Je ne veux pas, cher Imbert, clore ces quelques lignes sans vous remercier aussi pour votre acte accompli l'hiver dernier ; les greffes de pommier que vous m'avez envoyées ont parfaitement pris et se sont allongées de plus d'un mètre de longueur.

« Mille amitiés,

. « Votre bien dévoué compatriote,

« *Signé* : PASCALIS. »

Marseille. — Imp. T. Samat, quai du Canal, 15.